Der große Stickerspaß

TIERISCH GEFÄHRLICH!

Gestaltung: Reuben Barrance und Marc Maynard
Text: Simon Tudhope

Illustrationen: Franco Tempesta

Fachliche Beratung: Dr. Margaret Rostron und Dr. John Rostron

Inhalt

Königstiger

Dieser einsame Jäger streift leise durch die Nacht, bis die Sonne aufgeht und der Moment zum Angriff endlich gekommen ist. Wie ein goldener Blitz bricht der Königstiger aus dem Dschungel hervor und wirft seine Beute zu Boden.

EIGENSCHAFTEN

VERBREITUNG:	Südasien
LEBENSRAUM:	Wald
BEUTETIERE:	Büffel, Wildschweine, Antilopen
GRÖSSE:	2 m lang
TEMPO:	55 km/h

Königskobra

Mit der größten Giftschlange der Welt sollte man sich lieber nicht anlegen. Sie kann sich hoch genug aufrichten, um einem Menschen in die Augen zu blicken, und ihr Gift kann einen Elefanten töten. Mit einem bedrohlichen Zischen warnt sie den Eindringling, dass er hier nichts zu suchen hat.

EIGENSCHAFTEN

VERBREITUNG:	Südasien, Südostasien
LEBENSRAUM:	Wald
BEUTETIERE:	Schlangen
GRÖSSE:	5 m lang
TEMPO:	10 km/h

Riesenkalmar

In den kalten Tiefen des Ozeans schwimmt ein Tier, dessen Augen so groß sind wie Basketbälle. Seine Fangarme schlängeln sich durch die dunklen Wassermassen. Der gebogene Schnabel ist stark genug, um eine kugelsichere Weste zu durchbeißen.

EIGENSCHAFTEN	
VERBREITUNG:	Ozeane in der gemäßigten Zone
LEBENSRAUM:	Tiefsee
BEUTETIERE:	Tiefseefische, Kalmare
GRÖSSE:	13 m lang
TEMPO:	unbekannt

Leistenkrokodil

Kein anderes Lebewesen auf der Erde kann kräftiger zubeißen als dieser gepanzerte Räuber. Wenn sein Kiefer einmal zuschnappt, gibt es kein Entkommen – nicht einmal für einen Büffel. Dieser Fisch hat keine Chance ...

EIGENSCHAFTEN	
VERBREITUNG:	Australien, Südostasien
LEBENSRAUM:	Sümpfe, Flüsse
BEUTETIERE:	Fische, Schlangen, Rinder
GRÖSSE:	7 m lang
TEMPO:	24 km/h im Wasser

Weißer Hai

Manche halten ihn für den gefährlichsten Jäger der Welt. Er kann einen Tropfen Blut über eine Entfernung von 400 Metern riechen und den Herzschlag seiner Beute spüren.

EIGENSCHAFTEN	
VERBREITUNG:	Ozeane in der gemäßigten Zone
LEBENSRAUM:	Küstengewässer
BEUTETIERE:	Fische, Robben, Haie, Delfine
GRÖSSE:	6 m lang
TEMPO:	25 km/h

Asiatische Riesenhornisse

Man hört sie schon lange, bevor man sie sieht. Ihr Summen übertönt alle anderen Geräusche im Wald. Sie sind auf der Jagd nach Honigbienen – nach Tausenden von Honigbienen. Dreißig dieser Riesenhornissen reichen aus, um einen Schwarm von 30 000 Bienen auszulöschen.

EIGENSCHAFTEN

VERBREITUNG:	Ostasien, Südostasien
LEBENSRAUM:	Wälder, Mittelgebirge
BEUTETIERE:	Bienen, Käfer, Gottesanbeterinnen
GRÖSSE:	4 cm lang
TEMPO:	40 km/h

Wolf

Über die vereisten Felswände hallt ein bedrohliches Heulen – eine Warnung, dass das Tal darunter den Wölfen gehört. Sie sind die mächtigsten Raubtiere hier. Wenn sie im Rudel jagen, hat auch das größte Tier keine Chance gegen sie.

EIGENSCHAFTEN	
VERBREITUNG:	Nordamerika, Asien, Europa
LEBENSRAUM:	Wälder, Graslandschaften, Gebirge, Wüsten
BEUTETIERE:	Bisons, Elche und Hirsche
GRÖSSE:	1,5 m lang
TEMPO:	65 km/h

Indischer Roter Skorpion

Der tödlichste Skorpion der Erde hat eine Schabe im eisernen Griff. Es dauert nicht lange, bis das Gift des Stachels seine Wirkung zeigt.

EIGENSCHAFTEN	
VERBREITUNG:	Südasien
LEBENSRAUM:	Feuchtgebiete im Tiefland
BEUTETIERE:	Insekten, kleine Eidechsen
GRÖSSE:	8 cm lang
TEMPO:	weniger als 1 km/h

Wanderfalke

Dieser Raubvogel ist das schnellste Tier aller Zeiten. Wenn der Wanderfalke seine Flügel anlegt und im Sturzflug auf seine Beute zuschießt, erreicht er Geschwindigkeiten von über 300 km/h. Er ist zwischen Wolkenkratzern ebenso zu Hause wie im Gebirge oder an felsigen Küsten. Überall dort ist er der unbestrittene Herrscher der Lüfte.

EIGENSCHAFTEN	
VERBREITUNG:	alle Kontinente außer der Antarktis
LEBENSRAUM:	überall außer in Polarregionen und tropischen Regenwäldern
BEUTETIERE:	Vögel
GRÖSSE:	1 m Flügelspannweite
TEMPO:	380 km/h

Brasilianische Wanderspinne

Lautlos schleicht diese achtbeinige Jägerin durch die Dschungelnacht. Sie ist eine der giftigsten Spinnen überhaupt und verspeist am liebsten Eidechsen und Mäuse.

EIGENSCHAFTEN	
VERBREITUNG:	Südamerika, Mittelamerika
LEBENSRAUM:	Regenwälder
BEUTETIERE:	Insekten, Eidechsen, Mäuse
GRÖSSE:	18 cm Beinspannweite
TEMPO:	weniger als 1 km/h

Löwe

Nicht umsonst wird dieses große Landraubtier als König der Tiere bezeichnet. Im Rudel mit seinen Artgenossen beherrscht der Löwe die Ebenen Afrikas.

EIGENSCHAFTEN

VERBREITUNG:	Afrika
LEBENSRAUM:	Graslandschaften
BEUTETIERE:	Zebras, Gnus, Büffel
GRÖSSE:	2 m lang
TEMPO:	55 km/h

Worterklärungen

- **BEUTETIER:** Ein Tier, das von einem anderen Tier gefangen und gefressen wird.

- **FEUCHTGEBIET:** Ein überwiegend wasserreicher Lebensraum wie ein Moor, ein Sumpf oder ein Wattenmeer.

- **GEMÄSSIGTE ZONE:** Die gemäßigte Zone ist auf beiden Erdhälften der Bereich zwischen der kalten Zone und den Subtropen. Das Wasser in den Ozeanen dort ist weder so warm wie in tropischen Gewässern noch so kalt wie in den Polarregionen.

- **LEBENSRAUM:** Die natürliche Umgebung, in der ein Tier oder eine Pflanze zu finden ist. Wird manchmal auch Habitat genannt.

- **RAUBTIER:** Ein Säugetier, das andere Lebewesen jagt und frisst.

- **RUDEL:** Eine Gruppe von Tieren, die gemeinsam leben und jagen.

- **VERBREITUNG:** Bezeichnet hier das Gebiet oder die Gebiete auf der Erde, wo eine bestimmte Pflanzen- oder Tierart lebt.

Digitale Bearbeitung: Keith Furnival
Übersetzung aus dem Englischen und Satz der deutschen Ausgabe: Heike Osborne
Redaktion der deutschen Ausgabe: Andreas Rode

4. Auflage 2025 © 2022 für die deutsche Ausgabe: Usborne Publishing Limited, 83-85 Saffron Hill, London EC1N 8RT, Großbritannien. Deutsche Niederlassung: Usborne Verlag GmbH, Prüfeninger Str. 20, 93049 Regensburg, Deutschland. Titel der Originalausgabe: Build Your Own Deadly Animals © 2021 Usborne Publishing Limited, London.

Königstiger Seite 2–3

Riesenkalmar Seite 6–7

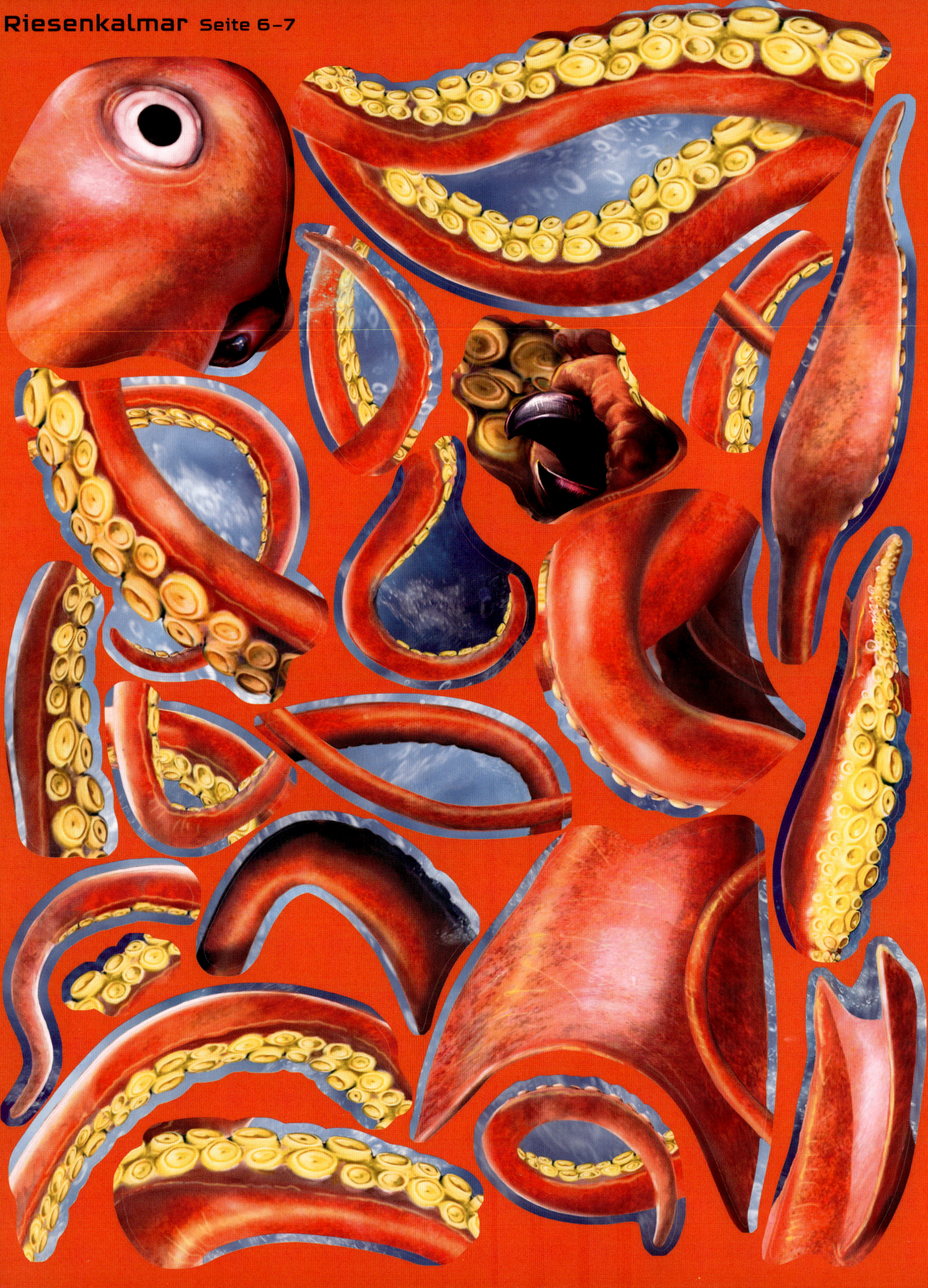

Leistenkrokodil Seite 8–9

Weißer Hai Seite 10–11

Wolf Seite 14–15

Wanderfalke Seite 18–19

Brasilianische Wanderspinne Seite 20–21

Löwe Seite 22–23